A production by EDITION PANORAMA, Germany

Printed in Germany

EDITION PANORAMA GmbH
Publisher: Bernhard Wipfler
G7, 17
D-68159 Mannheim
Telefon +49 (0)621 / 32 88 69 - 0
Fax +49 (0)621 / 32 88 69 - 20
info@editionpanorama.de
www.editionpanorama.de

ISBN 3-89823-238-7
Concept: Bernhard Wipfler
Design: Wolff Kommunikation, Frankfurt / Main
www. wolff-kommunikation.de
Editorial department: Dr. Thomas Kraft, Munich
Translations: Dr. Michael Barchet, Hattersheim
Separations: Werner Bochmann, Mannheim
Printing: abcdruck GmbH, Heidelberg
CTP: Satin Screen FM Raster 2nd Generation
Printed on Heidelberg Speedmaster
Printed on Profimatt, produced by Sappi – exclusive by Igepagroup
Bookbinding: Josef Spinner Großbuchbinderei GmbH, Ottersweier
Covermaterial: "Imperial" Book Cloth, BN International
Endpapers: "Freelife Merida Graphite" 140 g/m², Fedrigoni Group
Slipcase: Neudel Verpackungen GmbH, Neckarbischofsheim

reddot design award
winner 2005

design award 2005

Deutscher Designer Club
GUTE GESTALTUNG 2005

Außerdem in der EDITION PANORAMA BIBLIOTHEK erhältlich

Inoltre disponibili nella serie EDITION PANORAMA BIBLIOTHEK

Also available in the EDITION PANORAMA BIBLIOTHEK

WULF LIEBAU:
BERLIN
ISBN 3-89823-168-2

RICHARD FISCHER:
FLOWERS
ISBN 3-89823-240-9

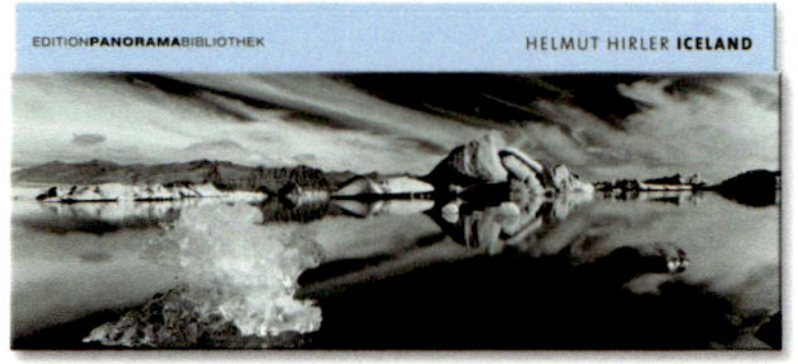

HELMUT HIRLER: ICELAND
ISBN 3-89823-189-5

JAROSLAV PONCAR: INDIA
ISBN 3-89823-237-9

HANS GASSER: SAHARA
ISBN 3-89823-183-6

JÖRG HEIECK: TOSCANA
ISBN 3-89823-198-4

MICHAEL NISCHKE: LA HABANA, CUBA
ISBN 3-89823-179-8

KARL LANG: PARIS
ISBN 3-89823-239-5

JAROSLAV PONCAR: TIBET
ISBN 3-89823-197-6

Michael Nischke in der EDITION PANORAMA
Michael Nischke nella serie EDITION PANORAMA
Michael Nischke by EDITION PANORAMA

München
Panorama-Bildband / Volume illustrato Panorama / Panorama Picturebook
(35 × 24 cm) ISBN 3-89823-241-7

La Habana, Cuba
Edition Panorama Bibliothek
(34 × 15 cm) ISBN 3-89823-179-8

München
Immerwährender Kalender / Calendario perpetuo / Infinite Calendar
(120 × 48 cm) ISBN 3-89823-236-0

La Habana, Cuba
Immerwährender Kalender / Calendario perpetuo / Infinite Calendar
(120 × 48 cm) ISBN 3-89823-232-8

MICHAEL NISCHKE wurde 1956 in Berlin geboren. Er studierte Photographie in Köln und arbeitet seit seiner Assistenz bei Prof. Heinrich Riebesehl als Photodesigner, in den letzten Jahren hauptsächlich als Fine-Art-Photograph. 1986 gründete er in München das Studio „Image Plus“ und seit 2003 betreibt er eine eigene Galerie im Gärtnerplatz-Viertel. Bis heute hat Michael Nischke, der berufenes Mitglied der Deutschen Gesellschaft für Photographie (DGPh) ist, dreizehn Bildbände veröffentlicht, von denen einige mit dem Kodak Fotobuchpreis ausgezeichnet wurden. Seine Impressionen der melancholisch-morbiden kubanischen Hauptstadt Havanna liegen bereits in dem Bildband „Michael Nischke: La Habana, Cuba“ in der EDITION PANORAMA BIBLIOTHEK vor, die auch mehrere großformatige Kalender Nischkes publiziert.

JOSEPH BRODSKY wurde 1940 in Leningrad als Sohn jüdischer Eltern geboren, worüber er in seinen „Erinnerungen an Petersburg“ berichtete. Ende der fünfziger Jahre schrieb er erste Gedichte. 1964 wurde er wegen „Parasitentums“ zu fünf Jahren Zwangsarbeit verurteilt, aber bereits nach 18 Monaten entlassen. 1972 erfolgte die Ausbürgerung aus der Sowjetunion. Seither lebte Brodsky in den USA, wo er Gedicht- und Essaysammlungen publizierte. 1987 wurde er mit dem Nobelpreis für Literatur ausgezeichnet. Brodsky starb 1996 in New York, beigesetzt wurde er auf der Friedhofsinsel San Michele nördlich von Venedig.

MICHAEL NISCHKE è nato a Berlino nel 1956. Ha studiato fotografia a Colonia e lavorato come assistente del prof. Heinrich Riebesehl. Da allora è attivo come photodesigner, negli ultimi anni soprattutto come fotografo di Fine Arts. 1986 ha fondato a Monaco lo studio «Image Plus» e dal 2003 gestisce una propria galleria nel quartiere del Gärtnerplatz. Ad oggi Michael Nischke, onorato membro della Deutsche Gesellschaft für Photographie (DGPh), ha pubblicato tredici volumi di fotografie, alcuni dei quali sono stati insigniti del premio Kodak. Le sue impressioni della malinconica e morbida capitale cubana L'Avana si ritrovano nel volume illustrato «Michael Nischke: La Habana, Cuba» della EDITION PANORAMA BIBLIOTHEK, la quale pubblica anche diversi calendari di Nischke.

JOSEPH BRODSKY nacque nel 1940 a Leningrado da genitori ebrei, come raccontò egli stesso nei suoi «Ricordi di Petersburg». Alla fine degli anni Cinquanta scrisse le sue prime poesie. Nel 1964 venne condannato a 5 anni di lavori forzati per «parassitismo», ma venne rilasciato dopo soli 18 mesi. Nel 1972 l'Unione Sovietica lo privò della cittadinanza. Da allora Brodsky visse negli Stati Uniti, dove pubblicò raccolte di poesie e di saggi. Nel 1987 venne insignito del premio Nobel per la letteratura. Brodsky è morto nel 1996 a New York ed è stato sepolto nell'isola-cimitero di San Michele a nord di Venezia.

MICHAEL NISCHKE was born in Berlin in 1956. He studied photography in Cologne and after being an assistant for photo-design to Professor Heinrich Riebesehl he has worked mainly as Fine-Art-Photographer. In 1986 he established his own Studio “Image Plus” in Munich and since 2003 he runs his own gallery in the Gärtnerplatz-Quarter. To date, Nischke, who has been appointed a member of the German Photographic Society (DGPh), has published thirteen volumes of photographs, a number of which have received the Kodak Photo Book Prize. EDITION PANORAMA BIBLIOTHEK has already brought out his impressions of the melancholic-morbid capital city of Cuba as the “Michael Nischke: La Habana, Cuba” picture book, and numerous large-size calendars.

JOSEPH BRODSKY was born in 1940 in Leningrad as a son to Jewish parents. He has given an account of his upbringing in his autobiographical work “Less than One”. In the late 1950s he wrote his first poems. 1964 he was sentenced to 5 years of forced labour for “parasitic tendencies”; yet he was released after 18 months. Expatriated from the USSR in 1972, Brodsky lived in the USA, where he published collections of essays and poems. In 1987 he was awarded the Nobel Prize in Literature. Joseph Brodsky died in 1996 in New York and was buried on the cemetery island of San Michelle North of Venice.

Accademia
Accademia

Accademia

51

Molo San Marco

50

202
185

Vaporetti

EUROPA

Canal Grande

Campiello dei Squelini

PARROCCHIA
S. MARIA GLORIOSA
DEI FRARI

Santa Maria Gloriosa dei Frari

Rio dei Carmini

Bacino Orseolo

44

Campo San Giovanni e Paolo

Santa Maria della Salute

42

Legge speciale
per Venezia
bando permanente 2004
per l'erogazione
di contributi ai privati
per la salvaguardia
del patrimonio immobiliare
Legge speciale
per Venezia
Orchestra da Camera
Collegium Ducale
di Venezia
CONCERTO
PALAZZO delle PRIGIONI ore 21.00
GENNAIO
FEBBRAIO
MARZO

Fondamenta del Vin

HOTEL
SALVADORI

Rio Terrà San Leonardo

ALBER

Carnevale di Venezia

Servizio Gondole

FOND
DEL RIO
PONTI

Rio de la Ponte Novo

Santa Maria dei Miracoli

Santa Maria dei Miracoli

Fondamenta del Vin

34

Punta della Salute

Canal Grande / Punta della Dogana

32

Canal Grande

Pescheria

30

Fondaco dei Tedeschi / Rialto

29

PANCIERA

Ponte di Rialto

BERNARDO BELLOTTO

Ponte di Rialto

27

Canal Grande 26

Accademia / Canal Grande

25

Molo San Marco

24

Rio dell’Arsenale

23

SESTIER
Pandoro

Rio di San Giuseppe

22

Giardini Pubblici

ZONA MILITARE
DIVIETO DI

Darsena dell’Arsenale

20

Darsena dell’Arsenale

19

Rio dell’ Arsenale

18

Punta della Dogana

17

San Marco

16

Ponte dei Sospiri

15

Riva Ca' di Dio

14

Riva degli Schiavoni

13

M·VIPSANI AGRIPPAE

Museo Archeologico

12

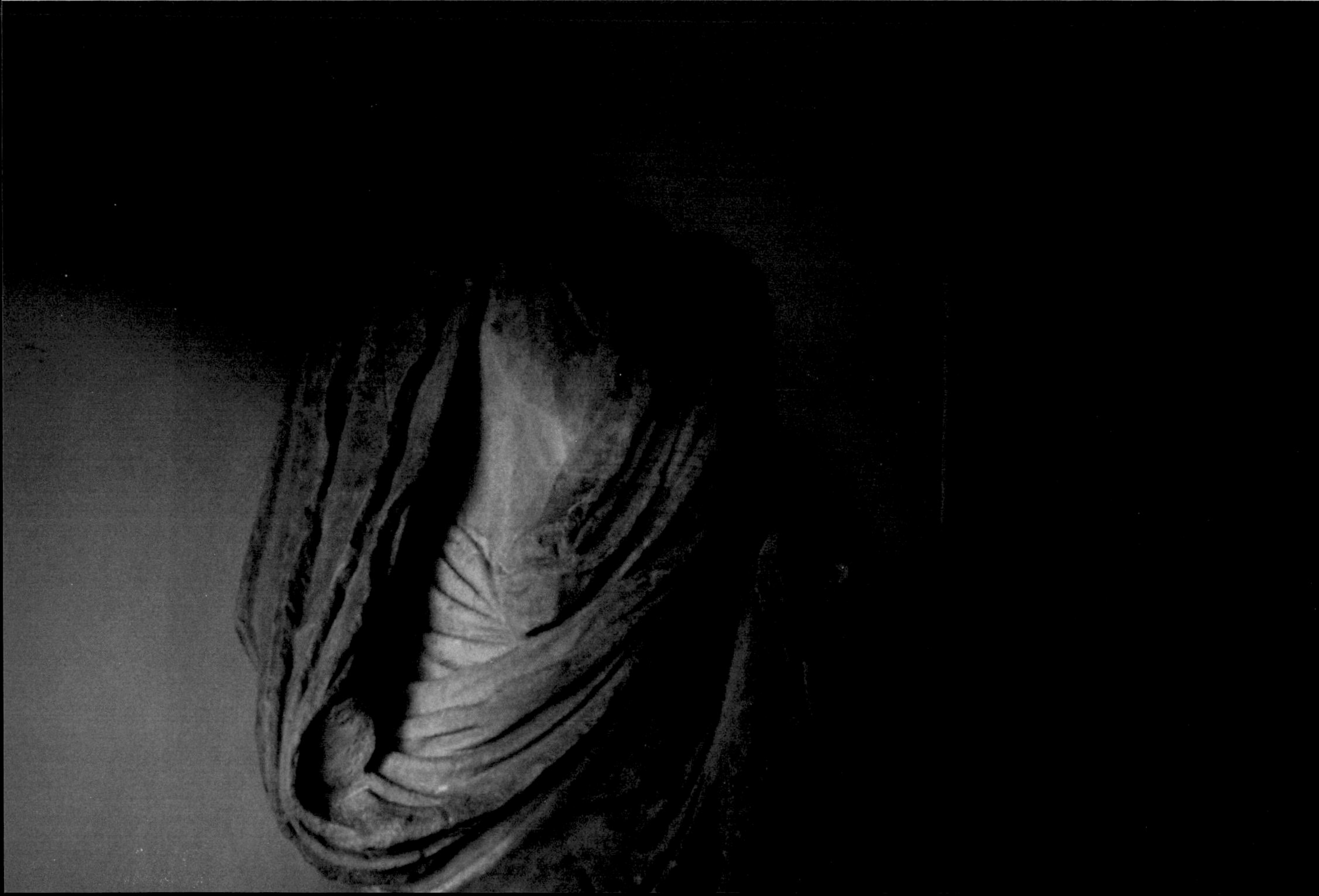

Museo Archeologico 11

Piazzetta San Marco

10

Caffè Florian

9

Piazza San Marco

8

Carnevale di Venezia

7

Museo Correr

Piazza San Marco

6

San Marco, Basilica

5

Molo San Marco 4

ESCURSIONI
ALLE
ISOLE
MURANO
BURANO
TORCELLO
MURANO BURANO TORCELLO
14.00
Tokyo Santa

Piazzetta San Marco

3

SERVIZIO GONDOLE

Molo San Marco

2

Riva degli Schiavoni 1

that beauty is valued less than psychology, but so long as such is the case, I'll be able to afford this city – which means till the end of my days, and which ushers in the generous notion of the future.

(...)

At sunset all cities look wonderful, but some more so than others. Reliefs become suppler, columns more rotund, capitals curlier, cornices more resolute, spires starker, niches deeper, disciples more draped, angels airborne. In the streets it gets dark, but it is still daytime for the Fondamenta and that gigantic liquid mirror where motorboats, vaporetti, gondolas, dinghies, and barges "like scattered old shoes" zealously trample Baroque and Gothic façades, not sparing your own or a passing cloud's reflection either. "Depict it," whispers the winter light, stopped flat by the brick wall of a hospital or arriving home at the paradise of San Zaccaria's *frontone* after its long passage through the cosmos. And you sense this light's fatigue as it rests in Zaccaria's marble shells for another hour or so, while the earth is turning its other cheek to the luminary. This is the winter light at its purest. It carries no warmth or energy, having shed them and left them behind somewhere in the universe, or in the nearby cumulus. Its particles' only ambition is to reach an object and make it, big or small, visible. It's a private light, the light of Giorgione or Bellini, not the light of Tiepolo or Tintoretto. And the city lingers in it, savoring its touch, the caress of the infinity whence it came. An object, after all, is what makes infinity private.

Watermark

Joseph Brodsky

In winter you wake up in this city, especially on Sundays, to the chiming of its innumerable bells, as though behind your gauze curtains a gigantic china teaset were vibrating on a silver tray in the pearl-gray sky. You fling the window open and the room is instantly flooded with this outer, peal-laden haze, which is part damp oxygen, part coffee and prayers. No matter what sort of pills, and how many, you've got to swallow this morning, you feel it's not over for you yet. No matter, by the same token, how autonomous you are, how much you've been betrayed, how thorough and dispiriting is your self-knowledge, you assume there is still hope for you, or at least a future. (Hope, said Francis Bacon, is a good breakfast but a bad supper.) This optimism derives from the haze, from the prayer part of it, especially if it is time for breakfast. On days like this, the city indeed acquires a porcelain aspect, what with all its zinc-covered cupolas resembling teapots or upturned cups, and the tilted profile of campaniles clinking like abandoned spoons and melting in the sky. Not to mention the seagulls and pigeons, now sharpening into focus, now melting into air. I should say that, good though this place is for honeymoons, I've often thought it should be tried for divorces also - both in progress and already accomplished. There is no better backdrop for rapture to fade into; whether right or wrong, no egoist can star for long in this porcelain setting by crystal water, for it steals the show. I am aware, of course, of the disastrous consequence the above suggestions may have for hotel rates here, even in winter. Still, people love their melodrama more than architecture, and I don't feel threatened. It is surprising

può fare il divo per molto tempo in mezzo a questo servizio di porcellana posato su un'acqua di cristallo, perché il fondale gli ruba la scena. Mi rendo conto delle disastrose conseguenze che questa idea dei divorzi potrebbe avere sulle tariffe, anche in inverno. Comunque, la gente ama il proprio melodramma più dell'architettura, e io non mi sento minacciato. È incredibile che la bellezza sia quotata meno della psicologia, ma fintanto che le cose stanno così riuscirò a permettermi questa città – ci riuscirò, in altre parole, sino alla fine dei miei giorni, e magari anche nell'altra vita.

(...)

Al tramonto tutte le città sembrano meravigliose, ma alcune più di altre. I rilievi diventano più morbidi, le colonne più rotonde, i capitelli più ondulati, i cornicioni più netti, le guglie più affilate, le nicchie più profonde, gli apostoli più solenni nei loro panneggi, gli angeli più aerei. Nelle strade si fa buio, ma è ancora giorno per le fondamenta e per quel gigantesco specchio liquido in cui motoscafi, vaporetti, gondole, barchini, barconi si accaniscono a calpestare – come uno stuolo disordinato di vecchie scarpe – le facciate barocche e gotiche, senza risparmiare la tua personale immagine riflessa o quella di una nuvola di passaggio. «Dipingi» bisbiglia la luce invernale quando è bloccata dal muro di mattoni di un ospedale o quando, dopo la lunga traversata del cosmo, arriva a casa in quel paradiso che è il frontone di San Zaccaria. E tu avverti tutta la fatica di questa luce che si concede un'altra oretta di riposo tra le conchiglie marmoree di San Zaccaria mentre la Terra porge l'altra sua guancia al sole. Ecco, questa è la luce invernale nella sua massima purezza. Non porta calore o energia perché li ha persi per strada e se li è lasciati dietro in qualche parte dell'universo oppure nel cirrocumulo lì vicino. L'unica ambizione delle sue particelle è quella di raggiungere un oggetto e di renderlo – piccolo o grande che sia – visibile. È una luce privata, la luce di Giorgione o del Bellini, non la luce del Tiepolo o del Tintoretto. E la città vi si crogiola, gustandone il tocco, la carezza dell'infinito dal quale essa è venuta. Un oggetto, dopo tutto, è ciò che rende privato l'infinito.

Fondamenta degli Incurabili

Joseph Brodsky

D'inverno, specialmente la domenica, ti svegli in questa città tra lo scrosciare festoso delle sue innumerevoli campane, come se dietro le tendine di tulle della tua stanza tutta la porcellana di un gigantesco servizio da tè vibrasse su un vassoio d'argento nel cielo grigio perla. Spalanchi la finestra, e la camera è subito inondata da questa nebbiolina carica di rintocchi e composta in parte di ossigeno umido, in parte di caffè e di preghiere. Non importa la qualità e la quantità delle pillole che ti tocca inghiottire questa mattina: senti che per te non è ancora finita. Alla stessa stregua, non importa se sei più o meno autonomo, se e quante volte sei stato tradito, se il tuo esame di coscienza è più o meno radicale, più o meno sconsolante: comunque stiano le cose, presumi che per te ci sia ancora speranza, o almeno un futuro. (La speranza, diceva Francesco Bacone, è una buona colazione, ma una pessima cena). Questo ottimismo deriva dalla nebbiolina; dalle preghiere che ne fanno parte, specialmente se è l'ora della colazione. In giorni come questo la città sembra davvero fatta di porcellana: come no, con tutte le sue cupole coperte di zinco che somigliano a teiere, o a tazzine capovolte, col profilo dei suoi campanili in bilico che tintinnano come cucchiaini abbandonati e stanno per fondersi nel cielo. Per non parlare dei gabbiani e dei colombi che ora accorrono per mettersi a fuoco, ora si dissolvono nell'aria. D'accordo, questo è un ottimo posto per le lune di miele, ma ho pensato spesso che bisognerebbe provarlo anche per i divorzi – per quelli in corso e per quelli già conclusi. Non c'è miglior fondale per un'estasi, per una passione che debba sfumare in dissolvenza; nessun egoista, abbia ragione o torto,

kungen auf die Hotelpreise bewußt, die die erwähnten Vorschläge hier haben könnten, selbst im Winter. Allerdings lieben die Leute ihr Melodram mehr als die Architektur, und also fühle ich mich nicht bedroht. Es ist überraschend, daß der Schönheit weniger Wert beigemessen wird als der Psychologie, doch solange das der Fall ist, werde ich mir diese Stadt leisten können – und das heißt, bis zum Ende meiner Tage, und vielleicht noch darüber hinaus.

(...)

Bei Sonnenuntergang sehen alle Städte wunderbar aus, doch manche eben mehr als andere. Reliefe werden geschmeidiger, Säulen runder, Kapitelle lockiger, Gesimse energischer, Turmspitzen strenger, Nischen tiefer, Jünger sehen drapierter aus, Engel schwebender. In den Straßen wird es dunkel, doch es ist immer noch Tag für die Fondamenta und jenen gigantischen flüssigen Spiegel, wo Motorboote, Vaporetti, Gondeln, Dingis und Barken wie verstreute alte Schuhe eifrig auf barocken und gotischen Fassaden herumtrampeln und weder deine eigene Spiegelung noch die einer vorüberziehenden Wolke verschonen. „Abbilden", wispert das Winterlicht, das nach seiner langen Reise durch den Kosmos schlicht an der Ziegelwand eines Hospitals hängen bleibt oder heimkehrt in das Paradies von San Zaccarias Giebel. Und du spürst die Müdigkeit dieses Lichts, das noch etwa eine Stunde lang in den Marmormuscheln von Zaccaria ruht, während die Erde dem Lichtgestirn die andere Wange bietet. Das ist das Winterlicht in seiner reinsten Gestalt. Es bringt weder Wärme noch Energie, die es irgendwo im Universum oder in der nahen Kumuluswolke abgeworfen und hinter sich gelassen hat. Das einzige Bestreben seiner Partikel ist es, einen Gegenstand zu erreichen und ihn, sei er groß oder klein, sichtbar zu machen. Es ist ein privates Licht, das Licht von Giorgione oder Bellini, nicht das Licht von Tiepolo oder Tintoretto. Und die Stadt verweilt darin und genießt seine Berührung, das Streicheln der Unendlichkeit, aus der es kam. Ein Gegenstand ist es schließlich, was die Unendlichkeit zu etwas Privatem macht.

Ufer der Verlorenen

Joseph Brodsky

Im Winter erwachst du in dieser Stadt, vornehmlich am Sonntag, beim Läuten unzähliger Glocken, als vibriere hinter deinen Gazevorhängen ein gigantisches Teeservice aus Porzellan auf einem silbernen Tablett im perlgrauen Himmel. Du reißt das Fenster auf, und das Zimmer wird im Nu von diesem geläutbefrachteten Dunst draußen überflutet, der zum Teil aus Sauerstoff und zum Teil aus Kaffee und Gebeten besteht. Unabhängig davon, welche Art von Tabletten und wie viele du an diesem Morgen schlucken mußt, du hast das Gefühl, daß für dich noch nicht alles vorbei ist. Unabhängig davon, wie autonom oder wie sehr du verraten bist, wie gründlich und entmutigend deine Selbstkenntnis ist, du nimmst aus dem selben Grund an, daß es noch Hoffnung für dich gibt, oder zumindest eine Zukunft. (Hoffnung, hat Francis Bacon gesagt, ist ein gutes Frühstück, aber ein schlechtes Abendessen.) Dieser Optimismus leitet sich von dem Dunst her; von dem Gebetsanteil daran, insbesondere wenn es Frühstückszeit ist. An einem Tag wie diesen nimmt die Stadt tatsächlich ein porzellanartiges Aussehen an, mit all ihren zinnbedeckten Kuppeln, die Teekannen oder umgedrehten Tassen ähneln, und den schiefen Profilen von Campaniles, die klimpern wie weggeworfene Löffel und sich im Himmel auflösen. Ganz zu schweigen von den Möwen und Tauben, die jetzt in den Blickpunkt geraten, jetzt sich in Luft auflösen. So gut dieser Ort auch für Flitterwochen ist, ich sollte doch sagen, daß ich oft gedacht habe, man solle ihn auch für Scheidungen ausprobieren – für solche, die noch anhängig sind, wie für bereits vollzogene. Es gibt keinen besseren Hintergrund, vor dem Verzückung verblassen könnte; ob zu Recht oder zu Unrecht, kein Egoist kann lange in dieser am Kristallwasser gelegenen Porzellanszenerie den Star spielen, denn sie stiehlt ihm die Schau. Ich bin mir der katastrophalen Auswir-

*„Venezia Illuminata — ewig reizt der einzigartige Glanz des Inselreichs.
Mit dem weiten Blick der Panoramakamera entsteht Raum in der Enge der Lagunenstadt."*

*«Venezia Illuminata — lo straordinario splendore di questo regno di isole possiede un fascino immortale.
L'ampio sguardo della telecamera panoramica crea spazio negli stretti vicoli della città lagunare.»*

*"Venezia Illuminata — the eternal attraction of the island kingdom's glory. Captured through the broad lens of a panorama camera,
uniquely space arises in the cramped confines of the city on the lagoon."*

MICHAEL NISCHKE

Michael Nischke **Venezia**

EDITION**PANORAMA**BIBLIOTHEK

Venezia